Die Pfortengasse in den 1950er-Jahren. Links ist die Brot-, Weiß- und Frischebäckerei Fritz Jakob zu sehen. Das holprige Straßenpflaster verschwand, als die Gasse im Jahr 2000 grundlegend ausgebaut wurde.

DIE REIHE
Archivbilder
SCHLEIZ
1950–2000

Juergen K. Klimpke

SUTTON
VERLAG

Sutton Verlag GmbH
Hochheimer Straße 59
99094 Erfurt
http://www.suttonverlag.de
Copyright © Sutton Verlag, 2008

ISBN: 978-3-86680-383-1

Druck: Druckhaus „Thomas Müntzer" | Bad Langensalza

Dieser Blick aus Höhe der Wetterfahne des Rathauses auf die Teichstraße lässt heute kaum noch erahnen, dass sich hier die größte innerstädtische Baustelle der zweiten Hälfte des 20. Jahrhunderts befand. Bereits 1984 wurden fast alle Häuser der linken Straßenseite abgerissen. 1988 folgten die übrigen Gebäude und die Straßenverbreiterung. Erst 1995 wurde mit dem Bau der heutigen Volksbank an der Ecke zum Markt die letzte Lücke geschlossen.

Inhaltsverzeichnis

Danksagung, Bildnachweis — 6

Einleitung — 7

1. Eine Stadt wächst — 9
2. Eine Stadt verändert sich — 21
3. Auto, Bus und Bahn — 37
4. Ausgewählte Ereignisse — 55
5. Mach mit, bleib' fit! — 69
6. Momentaufnahmen — 87

Danksagung

Das vorliegende Buch wurde ermöglicht durch die jahrelange unermüdliche Arbeit der vielen Schleizer Hobbyfotografen. Die Auswahl stützt sich hauptsächlich auf das Werk von Heinz Tiersch, der auch heute noch im Alter von 88 Jahren mit der Filmkamera unterwegs ist, um das Schleizer Zeitgeschehen zu dokumentieren. So sind auf den folgenden Seiten viele Fotos zu sehen, die einst als Diapositive angefertigt wurden und heute noch bei den vielbesuchten Vorträgen des Geschichts- und Heimat-Vereins zu Schleiz e.V. zum Einsatz kommen.

Aber auch Hubert Fichtelmann (1921–2001), Erich Wöllner (1903–1986) und Hans Ritter (1921–2007) soll mit diesem Buch ein kleines Denkmal für ihr einstiges Wirken gesetzt werden. Insbesondere die umfangreiche Sammlung von Hubert Fichtelmann, der auch über viele Jahre Fotos für die Ortschronik anfertigte, bietet einen unermesslichen heimatgeschichtlichen Bildfundus.

Ein herzlicher Dank gilt auch den Familien der bereits verstorbenen Bildautoren, die es mir ermöglichten, auf deren Fotos zurück zu greifen. Ebenso möchte ich mich bei all denen bedanken, die mir bereitwillig meine Fragen zu lang zurückliegenden Ereignissen beantworteten.

Das Pressefoto zeigt die Schleizer Fotografen Heinz Tiersch, Hubert Fichtelmann, Friedrich Ludewig und Juergen K. Klimpke (v.l.) während der Eröffnung einer gemeinsamen Ausstellung am 2. September 1994.

Einleitung

Schon seit längerer Zeit erfreuen sich die Vortragsabende „Bilder aus den letzten 50 Jahren" zu Beginn jeden Jahres großer Beliebtheit, wecken sie doch viele Erinnerungen, die man längst vergessen glaubte. Beim gemeinsamen Betrachten der Fotos beginnen die Älteren, die diese Zeit erlebt haben, aus ihren Erinnerungen zu erzählen, und die Jüngeren hören gespannt zu.

Bilder erzählen Geschichte und Geschichten. Das ist auch das Anliegen dieses Buches. Es soll hier keine vollständige Abhandlung der Schleizer Historie von 1950 bis 2000 vorgelegt werden. Vielmehr sollen Aufnahmen zu ausgewählten Themen zum Nachdenken anregen und die eine oder andere Begebenheit wieder ins Gedächtnis rufen.

Die Entwicklung der Stadt Schleiz war vor allem in der zweiten Hälfte des Jahrhunderts sehr wechselseitig. Auf der einen Seite veränderte sich Schleiz wie nie zuvor in seiner Geschichte, auf der anderen wurde es langsam dem Verfall preisgegeben. Zwischen 1950 und 2000 sprengte die Stadt ihre Grenzen. Sie wuchs gemessen an der bebauten Fläche auf das Doppelte an. Die Einwohnerzahl stieg ebenfalls stark an und sank nach der Wende wieder rapide. Zahlreiche Flächen am Stadtrand wurden neu bebaut, während im Zentrum die Häuser leer standen und langsam verfielen, bis sie abgerissen werden mussten. Während Wunden des zweiten Weltkrieges geschlossen wurden, brachen andere auf – die Stadt kam selten zur Ruhe.

Es wird bewusst darauf verzichtet, für dieses Buch nur Bilder aus der Zeit des Sozialismus zu verwenden. Vielmehr soll aufgezeigt werden, dass Schleiz nach dem 9. November 1989 eine nicht unvorteilhafte Entwicklung nahm. Nicht zuletzt lag es jedoch wie zu DDR-Zeiten oft nur an wenigen überaus engagierten Personen, die Schleiz voran brachten und denen die Stadt viel zu verdanken hat.

Dabei sollen aber auch die kleinen Begebenheiten am Rande nicht unerwähnt bleiben. Und so hoffe ich, dass sich der eine oder andere in diesem Buch wiederfindet.

Die Fotos wurden nach ihrer dokumentarischen Aussage ausgewählt. Für manche Ereignisse und gerade ältere Objekte gibt es mitunter nur ein Bild, und dieses ist manchmal sogar noch von minderer Qualität. Trotzdem wurden auch solche Bilder hier aufgenommen, weil sie es aufgrund ihres Bildinhaltes wert sind, veröffentlicht und damit der Nachwelt erhalten zu werden.

Die vorliegende Bildauswahl stellt nur einen kleinen Teil des vorhandenen Materials dar. Viele Fotos mussten vorerst in der Schublade bleiben und warten nun darauf, bei einer nächsten Gelegenheit ihren öffentlichen Auftritt zu bekommen. Ebenso konnten viele Themen hier aus Platzgründen noch nicht behandelt werden. Es bleibt also zu wünschen, dass mit diesem Buch der Grundstein zu einer Reihe gleichartiger Publikationen zur reichhaltigen Geschichte der ehemaligen Residenz- und heutigen Kreisstadt Schleiz gelegt werden konnte.

Schleiz, im August 2008

Juergen K. Klimpke

Bildnachweis

Die in diesem Buch abgebildeten Fotos wurden von folgenden Fotografen angefertigt bzw. aus folgenden Archiven entnommen:

Heinz Tiersch: Titel, 9, 10, 11, 12, 14u, 17o, 18, 19, 21, 22u, 24, 25o, 26o, 27o, 28u, 32, 34, 35o, 36, 37, 38o, 40o, 41, 42u, 43o, 46, 47o, 51o, 52u, 53u, 60, 71u, 72, 73, 74, 75o, 77o, 79o, 85u, 90o, 92o

Hubert Fichtelmann (†): 16u, 42o, 50, 52o, 53o, 63, 92u, 93u, 94o

Erich Wöllner (†): 43u, 79u

Hans Ritter (†): 56, 70u, 84, 85o, 91u

Uwe Klimpke: 15o, 16o, 44o, 58, 81, 82, 83u, 88o

Heidemarie Klimpke: 61

Wolfgang Schubert: 68

Ostthüringer Zeitung: 6

Juergen K. Klimpke: 4, 13u, 15u, 17u, 20, 23, 25u, 27u, 28o, 29, 30/31u, 33, 35u, 44u, 45, 47u, 48, 49, 55, 57u, 59, 62, 64, 65, 66, 67, 70o, 75u, 76, 77u, 78o, 86, 87, 89, 90u, 94u

Archiv des Geschichts- und Heimat-Vereins zu Schleiz e.V.: 2, 22o, 26u, 30/31o, 38u, 54, 57o, 78u, 80, 88u, 93o

Archiv von Juergen K. Klimpke: 13o, 14o, 39, 40u, 51u, 69, 71o, 83o, 91o

Für die Fotomontage auf Seite 95 wurden Fotos von Heinz Tiersch und Juergen K. Klimpke verwendet.

1
Die Stadt wächst

Im 20. Jahrhundert, und da insbesondere in der zweiten Hälfte, sprengte Schleiz seine seit Jahrhunderten bestehenden Grenzen. Die Bevölkerungszahl wuchs nicht zuletzt durch viele Umsiedler an und die Bedürfnisse nach größeren Wohnungen wollten befriedigt werden. Also wurden Häuser gebraucht, in denen möglichst viele Menschen ein neues Zuhause finden konnten. In den späten 1950er-Jahren stand der Siebenjahresplan noch unter dem Motto „Jedem eine Wohnung", 20 Jahre später änderte sich die Losung in „Jedem seine Wohnung". Der Wohnungsbau wurde in der DDR zur Hauptaufgabe erklärt und so schossen auch in Schleiz zahlreiche Wohnblocks wie Pilze aus dem Boden. Schleiz breitete sich nicht nur nach Norden und Süden aus. Auch westlich, am Oelschweg, wurde Schleiz fast bis zum 1923 eingemeindeten Ortsteil Oschitz ausgebaut. Der letzte Lückenschluss in der Oschitzer Straße folgte dann in den 1990er-Jahren mit dem Bau der Gewerbeimmobilien beim Pflegeheim. Weitere Wohnblocks, von den Schleizern „Neubauten" genannt, entstanden am Langenwiesenweg, am Windmühlenweg, in der Rudolf-Harbig-Straße, am Löhmaer Weg und am Hainweg.

Bauarbeiten an Wohnblocks in der Karl-Liebknecht-Straße (Oschitzer Straße), 1973.

Die Wohnblocks in der Rudolf-Harbig-Straße, vermutlich aufgrund ihrer Nähe zum Sportplatz nach dem Weltklasse-Mittelstreckenläufer benannt, entstanden in den frühen 1960er-Jahren. Die ersten Mieter zogen im Februar 1961 ein. Neben den Bauarbeiten dazu sind im Hintergrund die Häuser am Gutsweg zu erkennen, der am 1. November 1967 in Werner-Seelenbinder-Straße umbenannt wurde.

Der große Platz neben den Baustellen, auf dem Baumaterialien gelagert wurden, wurde von 1962 bis 1964 zum Sportplatz umfunktioniert. Wegen seines Belags wurde der rasenlose Hartplatz von den Schleizern immer nur „Schlackeplatz" genannt. Er ist der einzige Schleizer Fußballplatz mit einer Flutlichtanlage und war im Rahmen des Schleizer Dreieckrennens Austragungsort für viele spannende Motoballspiele.

Der Blick aus Richtung Gutsweg (Werner-Seelenbinder-Straße) auf den Sportplatz am Fasanengarten. Das Foto müsste zwischen 1954 und 1959 entstanden sein, denn die Rudolf-Harbig-Straße gab es noch nicht, aber die Wohnblocks der Schillerstraße waren schon fertig. Sie sind über dem Sportplatz zu sehen. Die feierliche Übergabe des ersten 12-Wohnungsblocks (5 und 7) war am 21. August 1954. Die Blöcke 1 bis 3 folgten am 22. September 1954 und Nr. 2 bis 4 am 16. November 1954.

Wie auf dem Foto zu erkennen ist, gab es für die bevölkerungsnahe Versorgung mit Lebensmitteln auch eine kleine Konsum-Verkaufsstelle, die sich jedoch in der Zeit nach der Wende 1989 nicht länger behaupten konnte. Die Schillerstraße, als Verbindung zwischen Robert-Koch- und Richard-Bartholdt-Straße, existierte bereits vor dem Bau der Wohnblocks. In den 1930er-Jahren hieß sie Otto-Weddigen-Straße.

Am 14. Februar 1955 war Baubeginn für die ersten beiden Häuser am Langenwiesenweg, hier vermutlich kurz nach ihrer Fertigstellung. Das Foto wurde aus Richtung Löhmaer Weg aufgenommen. Der Blick lässt noch die langen Wiesen, die sich einst neben der Oettersdorfer Straße erstreckten, erahnen. Gleichzeitig wurde auch der Komtursteig als Zufahrt von der Roten Brücke her ausgebaut und mit Pflaster versehen.

Nachdem am 2. August 1957 die Arbeiter-Wohnungsbau-Genossenschaft (AWG) „Wisenta" gegründet worden war, konnte am 6. August 1958 das Richtfest für den ersten 12-Wohnungsblock gefeiert werden. Vom 15. Juli 1958 bis zum 1. Januar 1992 hieß der Langenwiesenweg Otto-Nuschke-Straße. Die Aufnahme entstand um 1960.

Der Langenwiesenweg gehört heute noch zu den beliebtesten Schleizer Wohngegenden. Insgesamt wurden hier zwölf unterschiedlich große Wohnblocks mit ein bis vier Eingängen und insgesamt 134 Wohnungen gebaut. Von diesen hatte allein die AWG bis 1961 60 neue Wohnungen geschaffen. Um die Bevölkerung auch in räumlicher Nähe mit Lebensmitteln zu versorgen, baute man an der oberen Ausfahrt zur Oettersdorfer Straße eine HO-Lebensmittelverkaufsstelle. Von 1962 bis 1990 bot sie als Selbstbedienungsladen ihre Waren an. Die „HO" ist auf dem oberen Bild im Hintergrund zwischen den Wohnblocks und auf der Nachtaufnahme zu sehen.

Das Bild zeigt einen Blick vom oberen Ende der Otto-Nuschke-Straße auf den Windmühlenweg im Jahre 1963. Interessant daran ist das Schild rechts. Die Otto-Nuschke-Straße war damals eine Spielstraße und ausgewiesene Rodelbahn. Noch in den 1970er-Jahren wurde im Winter dort fleißig gerodelt. Bei den heutigen Verhältnissen im Straßenverkehr ist das undenkbar. Ab Mitte 1966 wurde oberhalb der Otto-Nuschke-Straße weitergebaut. 1967 konnte der erste Wohnblock am Windmühlenweg bezogen werden.

Am 22. August 1968 und am 13. August 1969 folgten dann die Übergaben der beiden nächsten Wohnblocks mit je 28 Wohnungen. Das untere Bild entstand beim Bau des vierten Wohnblocks am Windmühlenweg, 1974. Es ist der einzige Wohnblock, der mit Betonfertigteilen gebaut wurde. Das kleine Haus rechts, die ehemalige Notschlachtung, wurde im Januar 1961 fertiggestellt. Das große Gebäude darüber, die Berufsschule Bau, entstand 1969/70.

Am 6. Oktober 1975 erhielt dann auch der Windmühlenweg einen neuen Namen, bis 1992 hieß er Otto-Grotewohl-Straße. Zur Feier am Vorabend des DDR-Geburtstages begann damals auch der Fackelumzug am Windmühenweg. Bis 1986 Jahre entstanden dort drei weitere Wohnblöcke. Den Anfang machte der aufgrund seiner Bauweise sogenannte L-Block, mit seinen 64 Wohnungen zugleich das größte Wohngebäude der Stadt. Das Bild entstand zur Übergabe der 3.500. Wohnung, Otto-Grotewohl-Straße 50, am 6. Oktober 1984.

1998 begann man im Norden der Stadt mit weiteren Erschließungsarbeiten. Zwischen dem Löhmaer Weg und dem oberen Ende des Windmühlenwegs wurde am Geiersbühl eine neue Straße angelegt. Hier sollen Eigenheime entstehen. Als erste Häuser errichtete die LEG Thüringen bis 2000 zwei größere Gebäude im Rahmen des sozialen Wohnungsbaus.

Mitte der 1980er-Jahre entstanden auch am Löhmaer Weg weitere Wohnblöcke. Sie wurden, wie die meisten Schleizer Blöcke, im Rahmen der Lehrausbildung des Ingenieurhochbaukombinats (IHK) Schleiz, in Ziegelbauweise errichtet. Die Bauarbeiten für diese sechs Gebäude dauerten bis 1990. Das Ende der DDR machte die ursprüngliche Planung zum Bau weiterer Mehrfamilienhäuser entlang des Löhmaer Weges bis hinauf zur Windmühle (die heutige Straße am Geiersbühl) zur Makulatur. Der letzte Wohnblock wurde schließlich in Form von Eigentumswohnungen stückchenweise verkauft. Das obere Foto entstand am 1. Juni 1986, das untere am 23. März 1990. Es zeigt schon links die im Bau befindlichen Gebäude des BHG/Baywa-Baumarktes und der Raiffeisenbank Schleiz eG am Agnesfeld.

Das Gebiet Langenwiesenweg, Windmühlenweg und Löhmaer Weg wurde zum größten Neubaugebiet der Stadt. Hier entstand ein neuer Stadtteil mit 470 Wohnungen, in denen schätzungsweise 1.200 bis 1.600 Menschen ein neues Zuhause fanden. Insgesamt wurden von 1955 bis 1990 im Norden der Stadt 25 Wohnblöcke errichtet, von denen bisher keiner rückgebaut werden musste. Das obere Foto entstand im Sommer 1988. Deutlich ist links der bereits übergebene, aber noch unfertige Busbahnhof zu sehen. Das untere Bild vom Norden Stadt entstand am 23. Juli 1996. Zu den Wohnblöcken sind zwischen Löhmaer Weg und Komtursteig noch ein Baumarkt, das Aus- und Weiterbildungszentrum mit der Berufsschule sowie, rechts zwischen den Bäumen, ein Einkaufsmarkt dazugekommen.

Die ersten Wohnblocks mit jeweils 18 Wohnungen entstanden bereits Anfang der 1950er-Jahre zwischen Schleiz und Oschitz. Am 16. Januar 1952 wurde das Haus Oschitzer Straße 86–88 (der rechte Block) feierlich übergeben. Kurz darauf folgte das benachbarte Haus Oschitzer Straße 82–84. Das vom Lohmen aus gemachte Foto zeigt im Hintergrund noch das unbebaute Gelände am Oelschweg bis hinauf zum Oschitzer Stadtweg.

Der Blick aus der Gegenrichtung im Jahr 1962 auf den Verkehrshof und die Oschitzer Straße, die damals bereits in Karl-Liebknecht-Straße umbenannt worden war. Die im Bau befindlichen Werkstattgebäude im Hintergrund wurden am 2. Februar 1963 ihrer Bestimmung übergeben.

Im November 1967 begannen die Arbeiten am Neubaugebiet am Oelschweg. Bis Ende 1971 wurden hier rund 90 Wohnungen fertiggestellt. Viele der Erstmieter waren Beschäftigte des neu errichten Betriebsteils Schleiz des VEB Schott & Genossen Jena in der Greizer Straße. Damit diese von ihren Wohnungen zur Arbeit kamen, wurde eine Stadtbuslinie, der sogenannte „Schottbus", eingerichtet.

Das Foto stammt vermutlich aus dem Jahr 1973. Der unfertige Wohnblock an der Oschitzer Straße (rechts) wurde im Dezember 1974 übergeben. Nur wenige Tage später, am 3. Januar 1975, wurde der dahinter liegende Oelschweg in Wilhelm-Pieck-Straße umbenannt. Seit dem 1. Januar 1992 hat er seinen alten Namen zurück. Der letzte Wohnblock wurde hier am 20. Dezember 1975 bezogen. Insgesamt entstanden an der Oschitzer Straße und am Oelschweg acht Wohnblöcke mit 228 Wohnungen.

Nach der Ära der großen Gebäude mit möglichst vielen Wohnungen entstanden in Schleiz mehrere kleine Eigenheimsiedlungen. So unter anderem in der Oststraße, am Sonnenbad und im Bereich der Nordstraße und des Pörmitzer Weges. Nach der Wende 1989 begann man auch mit der Erweiterung der Siedlung beim Freibad. Am Mönchgrüner Weg entstanden zahlreiche neue Eigenheime. Das Foto oben zeigt den Blick vom Lohmen auf einige bereits fertig gestellte und im Bau befindliche Häuser im Mai 1995. Von fast der gleichen Stelle wurde am selben Tag auch das untere Bild von der damals noch vierspurigen Autobahn aufgenommen. Rechts sind einige der Firmen zu sehen, die sich seit dem 17. Juni 1991 dort ansiedelten. Bis 1998 entstanden hier 700 Arbeitsplätze.

2
Die Stadt verändert sich

Eine Stadt ist lebendig. Sie wächst und vergrößert sich ständig. Schleiz platzte in der zweiten Hälfte des 20. Jahrhunderts nicht nur aus den Nähten, es veränderte sein Gesicht auch an historischen Stellen. Altbekanntes wurde umgestaltet oder verschwand vollkommen aus dem Stadtbild, Neues kam hinzu. Festzuhalten ist hierbei, dass es die meisten Veränderungen in der Zeit ab 1990 gab. Von jenen Stätten, die in der Versenkung der Geschichte verschwanden, und über welche die Schleizer heute noch gerne reden, ist der ehemalige „Heinrichstädter Hof" vermutlich die, mit der die meisten persönlichen Erinnerungen verbunden sind. 1949 wurde er als „Parteigaststätte Heinrichstädter Hof, das Verkehrslokal aller Schaffenden" bezeichnet. 1950 benannte man ihn in Volkshaus um. 1955 kam er in Trägerschaft der Freien Deutschen Jugend (FDJ), später dann in die des Rates des Kreises. So wurde er zum Kreiskulturhaus. Ab 1. Februar 1990 hieß er dann wieder „Heinrichstädter Hof". Fast genau ein Jahr später erhielten die Mitarbeiter ihre Kündigungen und 1992 wurde er ersatzlos abgerissen. So hat wohl kaum ein anderes Objekt in Schleiz in der zweiten Hälfte des 20. Jahrhunderts mehr Wandlungen erlebt.

Der „Heinrichstädter Hof" als Kreiskulturhaus in den 1970er-Jahren.

Anblick des Schleizer Schlosses, wie er sich den Betrachtern im Jahre 1950 bot. Die 1945 durch den mehrtägigen Brand stark geschädigten Mauern wurden schließlich ab dem 26. April 1950 abgetragen.

Das oberste Stockwerk der Turmruine vom Park aus gesehen. Zwischen den Fenstern sind die Jahre der Turmerbauung – 1837 bis 1839 – eingemeißelt. Lange standen die Turmruinen mahnend hoch über der Stadt.

Die Türme wurden saniert. Am 16. Dezember 1993 erhielten Sie dann wieder Hauben aufgesetzt. Diese waren maßstabgetreu nach den 1945 zerstörten Hauben angefertigt worden.

Dieses Bild mit der Ansicht des Schlossareals entstand am 31. Mai 1996. Deutlich ist links neben dem Turm das ehemalige Kampfgruppengebäude zu erkennen. Der Sendemast verschwand 1998.

Dieser Blick über den Schlosspark in Richtung Gutsweg (Werner-Seelenbinder-Straße) stammt aus der Zeit vor 1950. Damals präsentierte sich der Schlosspark in seinem Zentrum noch mit einer großen Wiese. Im November 1947 weihte man dann das Ehrenmal für die im Zweiten Weltkrieg umgekommenen Bürger der Sowjetunion ein. Es sollte nach den ursprünglichen Plänen auf dem Neumarkt errichtet werden, doch die sowjetische Kommandantur hatte dagegen Einwände. Und so fanden jährlich am 8. Mai die Kranzniederlegungen (unten) zu Ehren der Kriegsopfer im Schlosspark statt.

1998/99 wurden der Schlosspark und die Kriegsgräberanlage umgestaltet. Der Obelisk (oben) und die die Anlage umgebende Hecke verschwanden. Ins Zentrum des Parks rückte eine Brunnenanlage, die nachts beleuchtet werden kann. Der Brunnen, die Stelen der Pergola und die Grabanlage bilden konzentrische Kreise, die von Wege- und Wasserachsen durchschnitten werden. Bei der feierlichen Einweihung am 18. September 1999 sprach Bürgermeister Friedhold Ott davon, dass der neu gestaltete Park vor allem ein Ort des Dialogs der Menschen untereinander sein soll. Unten: Der Park im Juni 2000.

Ein weiterer Ort ständiger Veränderungen ist das Krankenhaus. Das obere Bild zeigt es zu Beginn der 1950er-Jahre aus Richtung Berthold-Schmidt-Straße. Damals, genauer am 4. Mai 1950, erfolgte der erste Spatenstich zum zweiten Erweiterungsbau. Die Erdarbeiten wurden von Angehörigen Schleizer Betriebe in freiwilligen Arbeitseinsätzen ausgeführt. Es entstand jener Anbau des Krankenhauses, der sich direkt hinter dem Turm befindet (unten). Die spielerische Fassade der älteren Gebäude blieb dabei erhalten.

Am 23. April 1965 war dann die Grundsteinlegung für den dritten Erweiterungsbau. Das Krankenhaus wurde noch einmal verlängert. Die Bauarbeiten dauerten bis zum 24. Juni 1967. 31 Jahre später, am 8. Oktober 1998 begann dann der vierte Erweiterungsbau. Es wurde ein neues Funktionsgebäude errichtet, die Kosten beliefen sich damals auf 31 Millionen DM. Richtfest war am 3. Juni 1999 (unten). Die feierliche Einweihung fand am 3. November 2000 statt. Zum darauffolgenden Tag der offenen Tür kamen 3.000 Besucher, um das neue moderne Krankenhaus in Augenschein zu nehmen.

Eines der beiden innerstädtischen Nadelöhre war die Karl-Marx-Straße (Elisenstraße). Anhand des LKW kann man die damalige Straßenbreite erkennen, das Bild entstand am 27. März 1989. Heute, nach dem großräumigen Abriss stellt sich die Situation anders dar.

Bereits Anfang der 1990er-Jahre wurde mit dem Abriss des ersten Hauses der Elisenstraße begonnen. Ab 2. Juni 1998 folgten dann die restlichen Gebäude der Engstelle. Das untere Bild entstand im Oktober 1998 und zeigt die Straßenbreiten vor und nach dem Abriss.

In den 1980er-Jahren machte man sich an die Verbreiterung der Teichstraße. Die Lebensader der Stadt war zu eng geworden. Als am 31. März 1983 das Haus Nr. 7 brannte, entstand die erste Lücke auf der (vom Neumarkt aus gesehen) rechten Seite. Ab 1. November 1984 wurden dann alle Gebäude zwischen den beiden Eckhäusern abgerissen. Danach wurde die Lücke mit einem Zaun aus Astbestplatten verschlossen. Leider gibt es von der rechten Seite der Teichstraße nur sehr wenige Fotos. Das mag daran liegen, dass diese immer im Schatten lag und die enge Straße keine großflächigen Fotos zuließ. 1983 wurden aber zumindest die Erdgeschosse der noch stehenden Gebäude fotografiert. (Panorama oben). Die Geschäfte waren überwiegend leer, lediglich das Schuhgeschäft an der Ecke zum Markt (links), das „Haus der Mode" und der Stehimbiss (rechts)

hatten noch geöffnet. Ab 15. Januar 1988 kam es dann zum Abriss der noch verbliebenen Eckhäuser. In der Folge wurde eine provisorische Ersatzfahrbahn angelegt, damit ab Mai 1988 der Straßenverkehr zumindest in Richtung Neumarkt weiter fließen konnte. Nach dem Ausbau der Teichstraße 1989 sollten auf der rechten Seite Häuser mit altersgerechten Wohnungen und kleinen Läden entstehen. Man begann den felsigen Untergrund dafür vorzubereiten. Das Gestein des Schlossbergs erwies sich als so hart, dass sogar Technik der SDAG Wismut eingesetzt und letzten Endes gesprengt werden musste. Es entstanden das WEKA-Kaufhaus (1992) und die Raiffeisenbank (1995). Das untere Bild vom 26. Juni 1988 zeigt den heute nicht mehr möglichen Blick auf die komplette linke Seite der Teichstraße mit ihren damaligen Geschäften.

Der Neumarkt am unteren Ende der Teichstraße sorgt heute hinsichtlich seiner geplanten Neugestaltung für jede Menge Gesprächsstoff. Auch er unterlag in der zweiten Hälfte des 20. Jahrhunderts einigen Veränderungen. Die ehemalige Wartehalle für die Busreisenden wurde 1955/56 errichtet. Davor gab es an jener Stelle bereits einen Imbisstand, an dem den hungrigen Schleizern die HO Rostbratwürste anbot.

Die Versorgung der Reisenden mit schnell verfügbaren Speisen übernahm nach Fertigstellung der Wartehalle im Jahre 1956 der integrierte Kiosk, zu sehen an der Stirnseite der Wartehalle. Vielen Schleizern werden noch die dort angebotenen Bockwürste und die mittags und zur Abfahrtszeit der „Arbeiterbusse" anstehende lange Kundenschlange in guter Erinnerung sein.

Nachdem der Busbahnhof an den Komtursteig umgezogen war und am 5. Dezember 1987 der letzte Bus den Neumarkt verlassen hatte, wurde die Wartehalle einer neuen Nutzung zugeführt. Man begann mit dem Umbau zur Gaststätte, das Bild entstand am 21. Juni 1988.

Der nun verkehrsberuhigte Neumarkt sollte ein Eiscafé mit einer Freisitzfläche erhalten. Am 6. Oktober 1988 empfing die „HO-Eisbar" ihre ersten Gäste. Nach der Wende 1989 fand das Café einen privaten Betreiber. Seine Tage aber sind bereits gezählt. Mit der kommenden Umgestaltung des Neumarkts wird es abgerissen.

Mehrmals im Jahr schickte sich die Wisenta an, über die Ufer zu treten und das ganze Tal zu überschwemmen. Immer wieder versuchte man, den Fluss zu regulieren. Bereits 1933 gab es Pläne, die Wisenta zu kanalisieren, die allerdings scheiterten. Das Bild enstand in der Nähe der Graupenmühle.

1963 begann man mit den Arbeiten zur Flussregulierung und 1974 hatte man die Wisenta vollends begradigt, nun konnte das Wasser auf Schleizer Flur schneller ablaufen. An den vereinzelten Bäumen ist noch der alte Flusslauf zu erkennen.

Am Komtursteig wurde ein Damm aufgeschüttet und die alte, nicht mehr benötigte Brücke an der ehemaligen Mühle beseitigt. Doch hin und wieder hält sich das Wasser nicht an den Willen der Menschen.

Auch heute gibt es noch Hochwasser, wobei sich die Fluten ausgerechnet das alte Flussbett suchen. Das Bild mit der ehemaligen Bleichmühle entstand beim Hochwasser 1996.

Um der ständig wachsenden Schülerzahl bessere Unterrichtsbedingungen bieten zu können, begann man am 29. April 1967 mit den Arbeiten zum Bau einer weiteren Schule. Es sollte eine nach damaligen Vorstellungen moderne Schule werden, die ebenso modern aus Betonfertigteilen und großen Fenstern gebaut werden sollte. Letzteres brachte ihr den Spitznamen „Glaskasten" ein.

Um die Betonteile montieren zu können, errichtete man am 14. März 1968 einen 47-Meter-Drehkran, der spektakulär für die damalige Zeit durch die Stadt transportiert worden war. Der Kran zog natürlich die Aufmerksamkeit der Schleizer auf sich und regelmäßig standen Kindergartengruppen am Bauzaun, um den Arbeiten zuzuschauen. Am 27. Juni 1968 wurde Richtfest und am 6. April 1970 die Übergabe gefeiert. Am 15. Januar 1974 erhielt sie zwar den Namen Hans-Beimler-Schule, bei vielen Schleizern blieb sie aber einfach die „Neue Schule".

3

Auto, Bus und Bahn

Seit 1887 erstmals ein Zug in den Schleizer Bahnhof einfuhr und sich etwa im Jahre 1905 Otto Pörsch als erster Schleizer ein Motorrad zulegte, hat sich in punkto Verkehr auf Straße und Schiene viel getan. Heute wäre eine Welt ohne Kraftfahrzeuge nicht mehr denkbar. Das Automobil hat unsere Welt und damit auch Schleiz grundlegend beeinflusst. Zahlreiche Veränderungen im Stadtbild sind dem Straßenverkehr und damit dem Drang der Menschen, schnell nach Schleiz oder von hier weg zu kommen, geschuldet. Zu einem Großteil spielte in der Zeit zwischen 1950 und 2000 der öffentliche Nahverkehr eine beherrschende Rolle. Private PKW waren aufgrund der langen Bestellzeiten noch nicht so häufig anzutreffen, wie heute. Viele Menschen waren auf den Bus oder den Zug angewiesen, um zu ihrem Arbeitsplatz zu kommen oder eine Reise unternehmen zu können. Lag die Personenbeförderung per Bus vor 1945 noch bei der Reichspost, so änderte sich das Bild nach dem Ende des Krieges. Der VEB Kraftverkehr Schleiz wurde zum bestimmenden Personenbeförderer im Landkreis.

Das Bild zeigt den Neumarkt als Busbahnhof in den frühen 1970er-Jahren. Hier waren zu den Hauptabfahrtszeiten zwischen 16.00 und 17.00 Uhr ca. 1.000 Menschen versammelt, die mit dem „Arbeiterbus" in alle Winkel des Kreises nach Hause fuhren. 1970 beförderte der VEB Kraftverkehr Schleiz insgesamt 9 Millionen Fahrgäste, 1979 waren es 34.000 täglich.

Der Kraftverkehr Schleiz ging ursprünglich aus dem privaten Fuhrunternehmen Oheim hervor und hatte anfangs seinen Sitz in Hirschberg. Am 2. Januar 1953 verlegte er seinen Sitz in den ehemaligen Marstall des Schlosses. Zum Fuhrpark gehörten damals sechs alte Busse.

Bis 1955 wuchs der Fahrzeugbestand auf 30 an. Am 9. April 1958 brach kurz nach 10.00 Uhr in der Werkstatt ein Feuer aus, das sich zum Großbrand entwickelte. Eine riesige schwarze Wolke verdunkelte den Himmel über Schleiz.

Einige zur Reparatur eingestellte Busse konnten gerettet werden, um eine größere Katastrophe zu verhindern, legte die Feuerwehr besonderes Augenmerk auf die Kraftstofftanks. Obwohl sie das Übergreifen der Flammen auf das Lager der Bäcker- und Müllergenossenschaft in der Pallhornstraße abwenden konnte, wurden vier Familien obdachlos. 1952 erhielt der Kraftverkehr seinen ersten IFA-Bus (rechts). Das untere Bild zeigt das Areal des Schlosses während seiner Nutzung durch den Kraftverkehr Schleiz.

Da der Platz am Schloss für den vergrößerten Fuhrpark nicht mehr ausreichte, begann man im April 1955 mit dem Bau des Verkehrshofes an der Karl-Liebknecht-Straße (Oschitzer Straße) gleich hinter den „Stahlhelmhäusern" (Karl-Liebknecht-Platz). Bis 1957 entstanden zwei Garagenhallen, Verwaltungsgebäude und eine Tankstelle (unten). Die großräumige Regiewerkstatt im direkten Anschluss an den Verkehrshof wurde 1963 ihrer Bestimmung übergeben. Damals gehörten 70 Busse, 76 LKW und 19 Taxis zum Fuhrpark.

Das Herz des damaligen Personennahverkehrs schlug auf dem Neumarkt. Im Jahre 1973 fuhren hier an Wochentagen 124 Busse auf 23 Linien ab. Darunter gab es auch Verbindungen nach Saalfeld und Reichenbach i.V. Doch der Busverkehr wurde zunehmend zur innerstädtischen Belastung. Besonders zu den Abfahrtszeiten der „Arbeiterbusse" zwischen 16.30 und 16.50 Uhr kam zu Behinderungen auf der Fernverkehrsstraße, wobei Polizisten die Ausfahrt regelten.

Die Lösung war der Bau eines neuen Busbahnhofes am Komtursteig. Er wurde am 4. Dezember 1987 eröffnet, obwohl noch eine Hälfte der Überdachung fehlte. Das Bild entstand am 4. Juli 1988.

Die Überdachung wurde zwar, wie auf dem Foto zu sehen ist, bis 1990 noch fertiggestellt, jedoch bereits 1996 durch eine modernere ersetzt.

Schleiz hatte in der zweiten Hälfte des 20. Jahrhunderts zwei Bahnlinien. Auf der Strecke nach Plauen fuhr am 21. April 1967 letztmalig eine Dampflokomotive. Das Bild zeigt den Haltepunkt Wüstendittersdorf im Jahre 1963.

Die zweite Bahnlinie fuhr nach Saalburg. Hier verkehrte bis zum 31. Mai 1969 die elektrisch betriebene Kleinbahn. Diese Ansicht zeigt sie im Winter 1959.

Ab dem 1. Juni 1969 fuhren dann weinrote dieselbetriebene Leichttriebwagen, hier aufgenommen im Jahr 1972. Heute verkehren diese wieder als nostalgische Sonderfahrten unter dem Namen „Ferkeltaxi".

Bis zur Einstellung der Bahnlinien verkehrten auch zwischen Schleiz und Schönberg nur noch kleine Triebwagen. Das Foto zeigt einen Triebwagen der Baureihe 628 bei der Einfahrt in den Schleizer Bahnhof aus Richtung Plauen, aufgenommen 1996.

Am 20. Juni 1987 feierte Schleiz den 100. Jahrestag der Eröffnung der Bahnlinie Schleiz-Schönberg. Zu diesem Anlass fuhr mehrmals ein Traditionszug mit Dampflok zwischen Schleiz und Schönberg hin und her.

Hier überquert der Zug in Fahrtrichtung Schönberg am Bahnübergang der Fernverkehrsstraße bei Wüstendittersdorf.

Der Verkehr der Leichttriebwagen auf der Strecke Schleiz-Saalburg endete mit dem Sommerfahrplan 1977. Ab dann fuhren Diesellokomotiven der Baureihe 110 mit zwei bis drei Rekowagen. Hier sieht man den Zug am Abzweig zum Getreidelager (heute Teil der Wisentahalle).

In der Urlaubssaison 1977 wurden zwischen Schleiz und Saalburg zirka 75.000 Fahrgäste befördert. Aufgenommen in den 1960er-Jahren: der Haltepunkt Glücksmühle-Mönchgrün, einer der damaligen fünf „Bahnhöfe" im Stadtgebiet.

Der Gütertriebwagen 188 522 überquert über die Geraer Straße. Die Aufnahme mit Sicht aus Richtung Roter Brücke stammt vermutlich aus den 1960er-Jahren. Links: die Tankstelle an der Kfz-Werkstatt Seiferth.

Die Schrankenanlage aus Sicht eines Zugreisenden am 30. Mai 1996. Während diese Schranken sich automatisch schlossen, mussten die im oberen Bild noch per Hand heruntergekurbelt werden.

Waren die Schranken geschlossen, staute sich der Verkehr in der Geraer Straße bis hinauf zum Nikolaiplatz, wie das Foto vom 30. Mai 1996 belegt.

Zwei Tage später, am 1. Juni 1996 verließ um 15.41 Uhr letztmalig ein Personenzug den Schleizer Westbahnhof in Richtung Saalburg. Die Bahnlinie wurde wegen Unrentabilität eingestellt.

17.18 Uhr kehrte er begleitet von vielen Schaulustigen von seiner letzten Fahrt zurück. Den letzten Wagen hatte man mit der Aufschrift „Benno-Express" versehen.

Sie bezog sich auf das Schleizer Original Benno Schwenkenbecher, der den Zug benutzte, um damit von der Glücksmühle in die Stadt und wieder nach Hause zu fahren. Das Foto entstand am 30. Mai 1996 am Westbahnhof.

Um die Innenstadt vom Straßenverkehr zu entlasten, wurde von der Bundeswehr am Komtursteig eine Holzbrücke errichtet. Ursprünglich als Provisorium gedacht, leistet sie nach einer Sanierung 2003 heute noch gute Dienste.

Die Einweihung der Brücke nahmen am 30. November 1990 Bürgermeister Friedhold Ott (Mitte) und Landtagsabgeordneter Dr. Manfred Eckstein (rechts) vor.

Kraftstoff tanken konnten die Schleizer hier gleich zweimal: im Vordergrund die Tankstelle an der Roten Brücke und im Hintergrund links die der Kfz-Werkstatt Seiferth. An der Minol-Tankstelle an der roten Brücke standen nach der Grenzöffnung westdeutsche PKW bis hinauf zur Bergkirche, um preiswert Benzin zu tanken.

Das untere Foto zeigt die Tankstelle in der Poststraße. Sie wurde per Hand betrieben. Man musste das Benzin in einen 5-Liter-Behälter pumpen, von welchem es dann in den Tank gelangte. Weitere Tankstellen gab es am Nikolaiplatz, in der Geraer Straße und in Heinrichsruh.

Bei Nieselwetter wurden am 20. Mai 1977 die zwei Passagierschiffe „Gera" und „Pöhl" auf dem Landweg zu ihren späteren Einsatzorten transportiert. Vornweg fuhr in einem Barkas B-1000 der DDR-Rundfunk.

Um die Tragkraft der Roten Brücke zu verstärken, wurden Stahlplatten aufgelegt. Das Spektakel lockte Tausende Schaulustige auf die Straße. Die „Gera", das größere der beiden Schiffe, hatte eine Länge von 40 Metern und eine Breite von 6,22 Metern.

Im Schritttempo bewegte sich der abenteuerliche Konvoi durch die Stadt. Aufgrund seiner Höhe von 5,85 Metern mussten zahlreiche die Straßen überspannenden Stromleitungen zwischenzeitlich abgebaut werden.

In den Kurven, wie bei der Einfahrt vom Nikolaiplatz in die Schmiedestraße, ging es mitunter eng zu, doch der Transport verlief ohne Probleme. Die „Gera" lädt heute noch auf dem Bleilochstausee zu Rundfahrten ein.

Doch der Straßenverkehr spielte sich nicht nur auf der Straße ab. Verantwortungsbewusstes Verhalten sollte auch in den Köpfen der Bürger verankert werden. Anfang der 1960er-Jahre fand dazu im Kreiskulturhaus („Heinrichstädter Hof") eine Verkehrssicherheitskonferenz statt.

Während der Veranstaltung durften diese Herren auch zum Schnapsglas greifen. Später trat dann das große Gerät auf dem Tisch in Aktion. Es handelte sich dabei um ein Alkoholtestgerät, in das man schon damals hineinpusten musste.

4

Ausgewählte Ereignisse

Irgendwas passiert immer. Auch Schleiz kann sich davon nicht ausschließen. Manche Ereignisse laufen im Kleinen, Verborgenen ab, andere wieder genießen die Aufmerksamkeit der gesamten Stadt. Es gibt Ereignisse, die passieren nur einmal, andere mehrmals. Zu letzteren gehören zum Beispiel die Kampfdemonstrationen zum 1. Mai. In den Jahren 1950 bis 1989 konnte sich diesen kaum jemand entziehen. Doch mit dem Wechsel der politischen Verhältnisse sollte sich dieses ändern. Die Maidemonstrationen verschwanden aus dem jährlichen Veranstaltungskalender. Dafür kamen neue Ereignisse hinzu. Bikertreffen, Truckertreffen, Traktorentreffen, historische Schlachtennachstellungen und, und, und. Die Liste der ab 1990 neu hinzugekommenen Veranstaltungen ist lang. Im Jahr 2000 fanden neben dem Schleizer Dreieckrennen (siehe auch ab Seite 72) an und auf der Rennstrecke noch ein ADAC-Slalom, eine ADAC-Rallye, ein DRK-Oldtimertreffen, ein Truckerfestival, das Bikertreffen, ein Treffen historischer Traktoren und Landmaschinen, die Schleizer Dreieck Classics, ein US-Car-Treffen und ein PKW-Geschicklichkeitsturnier statt. Es würde den Rahmen dieses Buches sprengen, von jedem Ereignis zu berichten. Daher soll hier eine kleine Auswahl quer durch das gesellschaftliche Leben unserer Stadt gezeigt werden.

Die Blaskapelle der Freiwilligen Feuerwehr Schleiz (heute „Oschitzer Blasmusik") während der letzten Maidemonstration im Jahre 1989.

Der sozialistische Staat schuf sich mit den Kampfgruppen eine paramilitärische Armee, die auch beim Mauerbau 1961 eine Rolle spielte. In Schleiz marschierte erstmals 1954 eine Kampfgruppeneinheit bei der Maidemonstration mit. Sie war um den 17. Oktober 1953 gegründet worden. Die Bilder zeigen Schleizer Kampfgruppeneinheiten vermutlich zum „Tag der bewaffneten Kräfte" am 11. April 1959, als nach einer Großübung auch marschiert wurde.

Beide Bilder liegen 33 Jahre auseinander und zeigen die jährlich wiederkehrende Kampfdemonstration am 1. Mai. Das obere Bild entstand 1956, als die Vertreter der Gemeinde Löhma mit fichtengeschmücktem Wagen und Spruchbanner an der Maidemonstration teilnahmen.

Vor der letzten großen Maidemonstration 1989 am Stellplatz in der Bahnhofstraße. Von diesen Stellplätzen gab es mehrere. So unter anderem am Komtursteig und in der Greizer Straße. Nach und nach fädelten die einzelnen Teile des Zuges hintereinander ein, um schließlich an der Tribüne vorbei zu marschieren. Diese befand sich viele Jahrzehnte auf dem Neumarkt, 1989 jedoch in der Oschitzer Straße.

Im Sommer 1982 feierte Schleiz mit einer umfangreichen Festwoche das Jubiläum des 750. Jahrestages der ersten urkundlichen Erwähnung. Ein Teil des Festplatzes war am Komtursteig aufgebaut, wo sich heute der Busbahnhof befindet, ein anderer Teil jenseits der Geraer Straße. Sogar die beliebte Radiosendung „Alte Liebe rostet nicht" mit den Moderatoren Günter Hansel und Manfred Uhlig machte in Schleiz Station.

Für die Jugendlichen wurden die Puhdys für ein Konzert in der Getreidehalle (heute Aldi) am Austeg engagiert. Doch unumstrittener Höhepunkt der gesamten Festwoche war ein zwei Kilometer langer Festumzug zur Stadtgeschichte. Viele kleine Handwerksbetriebe beteiligten sich an seiner Gestaltung, auch die Gärtnerei von Hartmut Grimm stellte einen Festwagen.

1997 gab es wieder einen Grund zu feiern. Diesmal war es der 700. Jahrestag der Ersterwähnung als Stadt. Das Fest wurde außerdem mit dem Tag der Deutschen Einheit verbunden. Hier sticht Bürgermeister Friedhold Ott gerade das Freibierfass auf dem Markt an.

Gleichzeitig wurde mit der Eröffnung der Festtage auch das heute noch klingende Glockenspiel auf dem Rathausturm eingeweiht. Das Bild entstand auf dem Festplatz am Fasanengarten nach dem Festumzug am 5. Oktober.

Samstag, 19. Februar 1955: Am Bahnhof trifft der „Wüstentrillerloch-Express" ein und bringt erstmals ein närrisches Prinzenpaar nach Schleiz. Der anschließende Umzug durch die Stadt griff Themen auf, die man in späteren Jahren nicht einmal mehr unter dem Schutz der Narrenkappe publik machen konnte.

An den Straßen standen viele Zuschauer aus Schleiz und Umgebung, um sich dieses Spektakel nicht entgehen zu lassen. Der Tag klang schließlich mit Tanz in allen Sälen aus. Den nächsten Fasching hätten die Schleizer fast verschlafen. Erst am 12. Dezember 1955 bildete sich ein Zwölferrat für die närrische Saison 1955/56.

Mit den Jahren entwickelte sich Schleiz zu einer kleinen Faschingshochburg. Zu den Veranstaltungen im Kulturhaus kamen sogar auswärtige Reisegruppen. Die Bilder zeigen zwei Umzugswagen aus dem Jahr 1975 in der Schmiedestraße.

Den 11. November 1989 verbrachten viele Schleizer nicht im Kulturhaus beim Faschingsauftakt, sondern auf der Autobahn im Stau. Der langersehnte Blick hinter den „eisernen Vorhang" war verlockender.

Auf der Autobahn stauten sich die Fahrzeuge vom Grenzübergang Hirschberg bis Triptis und auf den Fernverkehrsstraßen durch Schleiz hindurch bis nach Tegau und Lössau.

Am 3. Dezember 1989 folgten viele Schleizer dem Aufruf der Aktion Sühnezeichen und des Neuen Forums, entlang der F2 (heute B2) eine Menschenkette zu bilden, hier aufgenommen in der Geraer Straße.

Die Demonstration sollte den Forderungen nach der demokratischen Erneuerung der DDR Nachdruck zu verleihen. Das Foto entstand in der in der Hofer Straße.

Dem 1. Juli 1990 fieberten viele DDR-Bürger entgegen, denn die Deutsche Mark löste die Mark der DDR als Zahlungsmittel ab.

Auf dem Neumarkt baute die Sparkasse mehrere Stände auf und veranstaltete ein kleines Volksfest. Endlich sollte wieder Ruhe in den wirtschaftlichen Alltag kommen.

Am 8. August 1998 begann in Schleiz die Festwoche „75 Jahre Schleizer Dreieck". Gleichzeitig begründete der MSC Schleizer Dreieck mit den Schleizer Dreieck Classics und den Rennen für historische Rennmaschinen auf dem Schleizer Dreieck eine neue Tradition.

Die Bilder zeigen Eindrücke von der Moto-Show auf dem Neumarkt mit einem Minicar-Parcours (unten) für die kleinen Festbesucher und dem Info-Stand zur Stadtentwicklung (oben).

Das Schleizer Dreieck prägt auch abseits der Rennveranstaltungen zunehmend das Veranstaltungsleben der Stadt, hier die Teilnehmer eines AWO-Treffens in den 1980er-Jahren. Das untere Bild entstand zur Truckerparade 1994 in der Seng. Das erste Trucker-Festival fand 24./25. August 1991 im Bereich der Kohlbachstraße statt. Später zog die Veranstaltung aus Platzgründen ins Fahrerlager um. Höhepunkte der Feste waren deutsche Country-Stars.

Am 30. Mai 1999 feierte die Oschitzer Blasmusik mit einem Festumzug und einem kleinen Volksfest ihr 40-jähriges Bestehen. Die beliebte Blaskapelle, die zu DDR-Zeiten als Blaskapelle der Freiwilligen Feuerwehr Schleiz aufspielte, war 1959 unter der Leitung von Robert Neumann gegründet worden. Unten ist das im Festumzug mitgeführte historische Kuhgespann von Horst Köhler zu sehen.

Akteure des ersten „Stadtgangs" am Brunnen im Park. Am 10. September 2000 begründeten das Blockflötenensemble Schleiz, der Geschichts- und Heimat-Verein zu Schleiz e.V., die Evangelisch-Lutherische Kirchgemeinde und die Stadt Schleiz eine neue Tradition, die sich seither großer Beliebtheit erfreut.

Ein Teil der 400 Zuschauer im großen Raum der Schlosskelleranlagen, während ihnen „Burggraf Heinrich" Wissenswertes zum Schloss vermittelt. Der „Musikalische Stadtgang in historischen Kostümen" ließ seitdem für Tausende Zuschauer Schleizer Stadtgeschichte lebendig werden.

5
Mach mit, bleib fit!

Sport spielte in Schleiz schon seit der Mitte des 19. Jahrhunderts eine wichtige Rolle. Der Neuanfang nach dem Zweiten Weltkrieg war nicht einfach. 1948 wurden auf dem Schleizer Dreieck nach zehnjähriger Pause wieder Rennen gefahren und bereits ein Jahr zuvor liefen zahlreiche Jungen und Männer wieder dem runden Leder hinterher. Nach und nach bildeten sich auch wieder Vereine. So gründete sich 1950 die BSG Einheit Schleiz, welche in den 1970er-Jahren mit dem VEB Jenaer Glaswerk Schott & Genossen einen neuen Träger fand. Weitere Sportvereine waren unter anderem die BSG Post Schleiz (Tischtennis), Empor Schleiz (Fußball) und natürlich Dynamo Schleiz (Leichtathletik), aus welchem später der VfB Schleiz hervorging. Daneben gab es auch nur kurzzeitig bestehende Sportgruppen, die meist nach dem Weggang der Initiatoren wieder auseinander fielen. Mit Stadt-, Kreis- und Arbeitersportfesten sowie kleinen Olympiaden wurden der Schul- und der Breitensport gefördert. Allerdings wurde hinsichtlich der vorhandenen Infrastruktur vieles „auf Verschleiß" gefahren, wie es der Volksmund ausdrückt. Eine neue Turnhalle bekam Schleiz erst 1992 mit dem Bau der neuen Grundschule in der Böttgerstraße.

Die Aktion „Mach mit, bleib fit!" war nicht nur den jüngsten Schleizern vorbehalten.

Die Jahn-Turnhalle am Ende der Heinrichstraße ist die älteste Sportstätte der Stadt. Sie wurde 1875 erbaut und zwischen 1950 und 2000 intensiv für den Schulsport genutzt. 1948 hatte man hier eine Tischlerwerkstatt eingerichtet. Fünf Jahre später beschloss der Stadtrat, sie wieder als Sportstätte zu nutzen. Seit 1997 ist sie u. a. ein wichtiger Bestandteil der Heinrichstädter Kirmes.

Fußball ist in Schleiz seit fast 100 Jahren eine der beliebtesten Sportarten. Nach dem Krieg war es nicht einfach, den regelmäßigen Spielbetrieb wieder aufzunehmen. Großen Anteil daran hat vor allem Kurt „Uri" Brendel (ganz links). Am 20. Dezember 1950 wurde dann die BSG Einheit Schleiz gegründet, die es immerhin bis in die Bezirksliga schaffte.

Sportliche Betätigung wurde in der DDR für alle Altersklassen und Bevölkerungsschichten gefördert. Bereits 1948 begann man mit der Veranstaltung von Kreis-Turn- und Sportfesten, die von Sportlerumzügen begleitet waren. Am 30. Juni 1963 fand am Fasanengarten ein Volkssportfest mit 5.355 Sportlern aus dem gesamten Landkreis statt. Das untere Bild zeigt den Umzug eines Sportfestes, an dem auch Sportler aus der ČSSR teilnahmen.

Das sportliche Nonplusultra ist seit Jahrzehnten das Schleizer Dreieckrennen. 1950 konnte Schleiz mit 250.000 Zuschauern einen bisherigen Rekord verbuchen. Das Foto entstand um 1956 am Motorradparkplatz am Komtursteig.

Bis Anfang der 1970er-Jahre war in Schleiz während des Rennens „die Welt zu Gast", und viele ausländische Fahrzeuge bereicherten das Stadtbild. Fritz Kläger war 1950 Vizemeister. Für viele Schleizer waren diese Veranstaltungen Höhepunkte des Jahres.

In den 1950er-Jahren war das Dreieckrennen das Ereignis des Jahres. Die ganze Stadt schmückte sich. Auf den Plätzen wehten die Fahnen der teilnehmenden Länder und an Bauchs Kreuzung standen die Porträts bekannter Rennfahrer, wie Toni Bauhofer. Natürlich wurde das Spektakel auch von der SED-Führung politisch genutzt.

1955 richtete man vor dem Rennen sogar eine ganze Festwoche aus. Darunter auch ein Beisammensein mit westdeutschen Rennfahrern im Rathaus, Fußballspiele, einen Opern- und Operettenabend, mehrere Tanz- und Kinoveranstaltungen sowie ein Gastspiel des Rundfunktanzorchesters „Alo Koll" aus Leipzig.

Blick vom Buchhübel auf die neue Stadtkurve mit der Tribüne an der Kohlbachstraße. Die jährlich über 100.000 Zuschauer übernachteten auf großen Zeltplätzen an der Waldkurve, in der Seng, am Goethestein, sowie dies- und jenseits des Buchhübels.

Das DDR-Fernsehen berichtete von 1978 bis 1990 im 2. Programm live vom Schleizer Dreieckrennen. Hier sieht man die Übertragungswagen am Buchhübel.

Höhepunkte der Rennveranstaltungen waren die Autorennen am Sonntag. Ob Renn- oder Tourenwagen, Spannung wurde allemal geboten. Heute kann man diese Boliden wieder alljährlich beim Schleizer Dreieck Classic Grand Prix erleben. Unten: Vlastimil Tomasek aus der ČSSR gewann mit seinem Skoda 130 RS 1978 den Pokallauf.

Am 13. August 1966 enthüllten der DDR-Rekordfahrer Werner Musiol und der Franzose Eric Offenstadt an der Haarnadelkurve den Gedenkstein für die Schnellsten am Dreieck. Das obere Bild entstand am 10. Juni 1998 zur Feier des 75. Geburtstages des Schleizer Dreiecks und zeigt Guntmar Schwarz beim Interview mit den Rennfahrerlegenden Freddy Kottulinsky und Heinz Rosner. Das Schleizer Dreieck konnte seine Identität bewahren und ist auch heute noch im Rahmen der Internationalen Deutschen Meisterschaften das Rennen mit den meisten Zuschauern. Unten: Tribüne an der Kohlbachstraße.

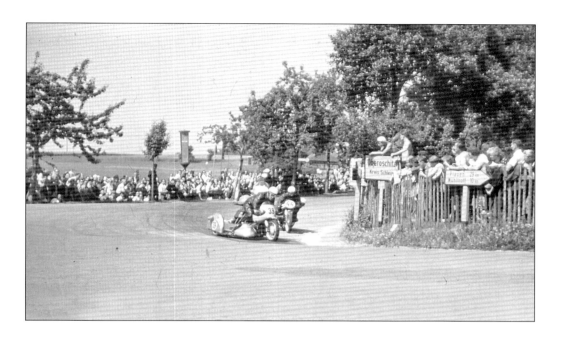

Die Sicherheitsanforderungen an die Rennstrecke sind im Laufe der Jahre ständig gestiegen. Aus diesem Grund gab es in der zweiten Hälfte des 20. Jahrhunderts am Dreieck zahlreiche Veränderungen. Solche Szenen, wie oben zu sehen, sind heute nicht mehr möglich. Die Zuschauer mussten einen immer größer werdenden Sicherheitsabstand einhalten. Außerdem wurden gefährliche Abschnitte aus dem Streckenverlauf entfernt. Die Aufnahmen zeigen die Heinrichsruher Kurve in den 1950er-Jahren (oben) und im Jahr 2000 (unten).

Das Starterfeld des Sidecar-Euro-Cups am alten Start am 16. Juli 2000. Das Rennen wurde von Weltmeister Klaus Klaffenböck und seinem Beifahrer Adolf Haenni gewonnen. Es war zugleich das letzte internationale Seitenwagenrennen auf dem alten Schleizer Dreieck, das ins Ziel gefahren wurde.

Verschwunden sind bereits vor vielen Jahren die einst die Strecke umgebenden Alleebäume. Hier sind sie noch im Hintergrund zu sehen, Ansicht der Seng vom 24. Mai 1961. Aus Sicherheitsgründen wurden die Linden im Januar 1962 gefällt.

Ebenfalls aus Sicherheitsgründen wurde die Haarnadelkurve aus der Rennstrecke herausgelöst. 1988 baute man an der Kohlbachstraße eine Verkürzung der Rennstrecke ein und versah sie mit einer riesigen Tribüne.

Auf dem Schleizer Dreieck wurde nicht nur mit Motorrädern und Autos um Meter und Sekunden gekämpft. Das Bild entstand während eines Fahrradrennens in den 1960er-Jahren.

Am 31. Juli 1960 fanden hier bei 30 Grad im Schatten und vor 25.000 Zuschauern die DDR-Meisterschaften im Einzelstraßenfahren statt.

Publikumsliebling war Täve Schur, der hier vor Bernhard Eckstein auch seinen dritten DDR-Meistertitel erkämpfte. Täve Schur hat damals im HO-Hotel „Freundschaft" übernachtet.

1983 wurden auf dem Schleizer Dreieck wieder DDR-Meisterschaften im Radfahren ausgetragen. Am Start auch die damaligen Spitzenfahrer um den Friedensfahrt-Sieger Falk Boden.

Gefragter Autogrammstar war der Geraer und Friedensfahrt-Sieger Olaf Ludwig. 1983 fanden auf dem Schleizer Dreieck die „Internationalen Wettkämpfe der Freundschaft" statt. Hier wurde Olaf Ludwig Achter.

Mit staatlicher Unterstützung und viel Eigeninitiative entstanden Anfang der 1970er-Jahre mehrere Sportstätten, wie hier ein Volleyballplatz am Windmühlenweg.

Um an die benötigten Materialien zu kommen, waren auch in diesem Fall die entsprechenden Beziehungen nötig.

Es wurden schließlich auch Turniere organisiert, bei denen es Pokale und Urkunden zu gewinnen gab. Das Bild wurde 1973 nach einer Siegerehrung am Bürgerteich gemacht.

Als jedoch die Aktivisten älter wurden und sich immer mehr zurückzogen, wuchs langsam Gras über die Sportstätten. Inzwischen sind sie aus dem Stadtbild wieder verschwunden

Eine von den Schleizer Bürgern erbaute Sportstätte hat die Jahrzehnte überdauert und lockt inzwischen umfangreich modernisiert nach wie vor Tausende Menschen im Jahr an. Das Schleizer Freibad, welches heute den Namen „Wisenta-Perle" trägt, wurde von 1955 bis 1959 im Rahmen des Nationalen Aufbauwerks (NAW) von den Schleizern selbst errichtet. Es gab verschiedene Pläne, die kostengünstige Variante setzte sich durch. Während der vierjährigen Bauphase war die Baustelle ein von Sonntagsspaziergängern oft besuchter Ort.

Man wollte sich selbst davon überzeugen, ob es mit dem neuen Freibad doch noch klappen würde. Schon 1955 spielte es seine Rolle beim ersten Schleizer Faschingsumzug und 1959 war das Freibad sogar Gegenstand des Aprilscherzes der „Volkswacht", als diese verkündete, die Eröffnung würde sich noch um ein weiteres Jahr verschieben. Doch es blieb beim Scherz. Am 24. Juni 1959 wurde mit dem Füllen des Beckens begonnen, und am 12. Juli 1959 feierte Schleiz die Eröffnung seines neuen Freibades.

Die Schleizer hatten insgesamt 6.000 freiwillige Arbeitsstunden im damaligen Wert von 25.000 DM geleistet. Das große Becken hatte Wassertiefen von 1,20 Meter bis 4 Meter.

Im Laufe der Jahre kamen ein Sprungturm und eine kleine Imbissstelle hinzu, 1965 eine Tanzfläche und 1967 bauten Mitarbeiter des VEB Blewa Schleiz und der Dachdeckergenossenschaft im NAW das Terrassencafé.

In die Jahre gekommen, wurde das Schleizer Freibad ab dem 7. September 1998 umgebaut. Der erste Bauabschnitt wurde zum 40. Geburtstag des Freibades übergeben. Die Baukosten betrugen bis dahin 2,3 Millionen DM. Das Foto entstand am 30. Mai 1999.

Feierliche Wiedereinweihung am 5. Juni 1999: In verschiedenen Etappen erfuhr das Freibad eine komplette Erneuerung. Der 3-Meter-Sprungturm verschwand und die Wassertiefe wurde reduziert. Das 50-Meter-Becken erhielt eine Edelstahlwanne.

6
Momentaufnahmen

Einfach dazusitzen und den Moment zu genießen, dafür braucht man nicht immer einen besonderen Ort. Hat man die Ruhe gefunden und lässt die Gedanken schweifen, fördert das Gehirn einem manchmal die merkwürdigsten Erinnerungen zu Tage. Erinnerungen an Dinge, die mitunter nebensächlich schienen all die Jahre. Das nächste Kapitel handelt von solchen Erinnerungen, besser gesagt, von Ihren Erinnerungen. Schauen Sie sich einfach die Bilder an und kramen sie in Ihren Erinnerungen. Das erste Bild ist zugleich ein Symbol für den Wandel der Zeit zwischen 1950 und 2000. Es geht hier nicht um das Rathaus oder die Bergkirche, sondern um die scheinbar die Abendstimmung störenden Antennen und Satellitenschüsseln. 1955 schrieb der ehemalige Schleizer Stadtarchivar Dr. Alfred Pasold: „Wer sich am Neumarkt weiter umschaut, entdeckt auf dem Dach des ehemaligen Hotels ‚Blauer Engel', dem Haus Pörsch, ein komisches Gebilde. Ein Schleizer Original meinte, eine Doppelsitzstange für Singvögel." Gemeint war eine Fernsehantenne, die damals eine Novität darstellte. Das unten abgebildete Foto stammt von Juli 1994. Es entstand also nicht einmal 40 Jahre nach der eben beschriebenen Begebenheit. In diesen 40 Jahren war die Fernsehantenne technisch schon fast überholt. Auch den Staat von damals gab es 1994 nicht mehr. Und dabei war doch nur ein halbes Menschenleben vergangen – so schnell können die Dinge sich ändern.

Ein Sonntagmorgen im Winter 1971. Es war kalt und es lag reichlich Schnee. Und wie auf Kommando begannen die Bewohner der Otto-Nuschke-Straße und der Oettersdorfer Straße mit dem Anschüren ihrer Kachelöfen. Heute riecht man es sofort, wenn aus einem Schornstein der Rauch eines Kohle- oder Holzfeuers steigt. Damals war es nichts Ungewöhnliches.

Am 15. September 1948 wurde die Poliklinik in der Berthold-Schmidt-Straße ihrer Bestimmung übergeben. Ungezählte Schleizer haben hier lange Stunden mit dem Warten auf den für sie geltenden Ruf „Der Nächste bitte!" verbracht. Wartezimmer, Gänge und Treppenhaus waren mit Patienten überfüllt. Das ging so bis 1985. Dann wurde nach über zehnjähriger Bauzeit die neue Poliklinik an der Greizer Straße eingeweiht.

Das Haus Fröbelstraße 1 war zugleich der „Kindergarten 1". Neben diesem gab es noch den Kindergarten 2 gleich nebenan, den Parkkindergarten, den Kindergarten im Wohnlager und den Kindergarten in Oschitz. Hier in der Fröbelstraße wurde aufgrund der Nähe zur Rennstrecke am Tag vor dem Dreieckrennen als Gruß an die Rennfahrer eine riesige Sandburg gebaut, auf der dann oben eine DDR-Fahne steckte.

Diesen Blick in der Abendsonne konnte man nur wenige Wochen genießen. Das Foto wurde kurz nach dem Abriss des ehemaligen Sozialversicherungsgebäudes gemacht. Wenige Wochen später begannen die Bauarbeiten am Atriumhaus. Das Hehne-Kaufhaus stand damals schon als ein Symbol dafür, dass es auch in der neuen Zeit nicht nur aufwärts geht.

Das Einkaufszentrum am Markt hatte ab 1970 geöffnet. Die Flaschenkästen könnten dort gestanden haben, weil gerade Liefertag war. Aber oftmals war er es auch nicht.

Kleine Läden waren bis 1989 gang und gäbe: Sie strahlten Individualität und Kundennähe aus und gaben einem das Gefühl, willkommen zu sein, auch wenn es nicht immer das gab, was man gern wollte.

Dieses Bild erinnert an Elisabeth Bernhardt, die hier in ihrer Drogerie an der Kasse sitzt. Nicht jeder kam mit ihr zurecht, aber sie hatte ein großes Herz für Tiere und stellte u. a. das Grundstück für das Schleizer Tierheim zur Verfügung. Elisabeth Bernhardt starb im Dezember 1997.

Dieses Foto entstand im SB-HO-Geschäft an der Ecke Nikolaiplatz/Agnesstraße. Es wurde am 1. August 1959 eröffnet und war der zweite Selbstbedienungsladen der Stadt.

Ein weiteres Selbstbedienungsgeschäft war der „FIX" der Konsumgenossenschaft, aufgenommen im Jahr 1969.

Der Laden wurde am 18. April 1967 eröffnet und war sehr beliebt. Die Aufnahme entstand am 8. Juli 1990.

1969 gründete Hans Brendel (rechts) den Spatzenchor, dem bis zu seiner Auflösung im Jahr 1997 weit über 1.000 Mitglieder angehörten. Das Foto zeigt ihn 1988 zur Jugendweihefeierstunde.

Im März 1977 begannen Mitglieder des Kulturbundes mit der Anlage der Wisentapromenade zwischen Roter Brücke und Austeg. 1979 gab es dann das 1. Promenadenfest.

Die Deutsche Mark war gerade mal eine Woche in der Hand der DDR-Bürger, da konnten sie diese auf einem Gebrauchtwagenmark an der Getreidehalle (Aldi) gleich wieder ausgeben.

Schleiz hat seine ganz eigenen schmerzhaften Erfahrungen mit Krieg und Zerstörung. Im April 1999 wurde auch hier der Protest gegen die NATO-Einsätze im Kosovokrieg laut.

Ausgewählte Schleizer Schilder aus den 1980er-Jahren.

Aufbau und Aufruhr
DDR-Alltag in den 50er-Jahren
Jens Kegel

128 Seiten, ca. 200 Abb., gebunden,
ISBN 978-3-86680-259-9, 19,90 € [D]

Grenzen und Chancen
DDR-Alltag in den 60er-Jahren
Jens Kegel

128 Seiten, ca. 200 Abb., gebunden,
ISBN 978-3-86680-260-5, 19,90 € [D]

Anspruch und Ohnmacht
DDR-Alltag in den 70er-Jahren
Jens Kegel

128 Seiten, ca. 200 Abb., gebunden,
ISBN 978-3-86680-261-2, , 19,90 € [D]

Stillstand und Aufbruch
DDR-Alltag in den 80er-Jahren
Jens Kegel

128 Seiten, ca. 200 Abb., gebunden,
ISBN 978-3-86680-262-9, 19,90 € [D]